Uri Gellers

Powerguide zum Erfolg

Uri Gellers

Powerguide zum Erfolg

nymphenburger

Basierend auf der englischen Originalausgabe, die 2002
unter dem Titel „Little book of mindpower“ bei
Yogi Impressions, Indien, erschien.

www.nymphenburger-verlag.de

Schutzumschlag: Wolfgang Heinzel
Foto von Uri Geller auf Cover und S. 64: © horn-verlag.de/kvd
Satz: Walter Typografie & Grafik GmbH, Würzburg
Gesetzt aus 10/14 Optima
Druck und Binden: Offizin Andersen Nexö, Leipzig
Printed in Germany
ISBN 978-3-485-01108-2

Inhalt

Vorwort

„Gedanken haben die Macht, etwas zu verändern", sagt Justice M. L. Dudhat, der seit über sechzehn Jahren in Mumbai Kurse leitet über die „Brahma Vidya" – eine alte Lehre des Yoga und der Philosophie, die auf Atemübungen und Affirmationen basiert. Niemand hat die Wahrheit dieses Satzes überzeugender demonstriert als Uri Geller. Seine Kräfte sind legendär. Er hat die Macht der Gedanken und des positiven Denkens bewiesen.

Dieses Buch ist voller inspirierender Gedanken und stärkender Techniken, die Ihre geistigen Energien maximieren werden. Uri führt sie damit in die Geheimnisse des positiven Denkens, der Meditation und der Willensstärke ein.

„Uri Gellers Powerguide zum Erfolg" kann für
Ihre Denkweise einen großen Unterschied bedeuten.
So, wie es im Dhammapada geschrieben steht:
„Alles, was wir sind, ist das Produkt dessen,
was wir gedacht haben."

In Glück und in Frieden
Gautam Sachdeva

Der Weg zum Erfolg

Wir alle haben Ziele vor Augen und möchten uns gewisse Wünsche erfüllen, ob diese nun den beruflichen Erfolg betreffen oder das private Glück. Wir können unsere Träume allerdings nur verwirklichen, wenn es uns gelingt, unser Ziel zu fokussieren, all unsere Gedanken darauf auszurichten und uns voll und ganz darauf zu konzentrieren.

Jeder von uns besitzt die dazu nötige Willenskraft, doch nicht jeder weiß, wie man sie richtig einsetzt. Deshalb sind manche Menschen in der Lage, schier Unglaubliches zu vollbringen, während andere nur erstaunt zusehen können. Sie wissen nicht, dass sie es auch können!

Nichts geht ohne Hingabe, Disziplin, Entschlossenheit und Leidenschaft

Das Aktivieren der eigenen Willenskraft könnte man mit dem Aufladen einer Autobatterie vergleichen. Wenn die Batterie verbraucht ist, bleibt das Auto stehen und man braucht eine Starthilfe. Die Starthilfen für Ihre Willenskraft sind Hingabe, Disziplin, Entschlossenheit und Leidenschaft. Ich kann Ihnen jetzt schon versichern, dass Sie nirgendwo ankommen werden, wenn Sie nicht die innere Überzeugung haben, dass Sie Ihre Ziele erreichen werden. Willenskraft und Halbherzigkeit

passen nicht zusammen. Willenskraft setzt die Ausrichtung auf das Ziel voraus – und zwar absolut!
Bedauerlicherweise gehen die meisten von uns so in ihrem Alltag auf, dass sie sich überhaupt nicht bemühen, ihre Willenskraft zu wecken: jene Energie, die es uns ermöglicht, viele positive Dinge zu tun. Es ist einfacher, wichtige Dinge auf den nächsten Tag zu verschieben, die nächste Woche oder das nächste Jahr …
Wir alle haben das schon gemacht – ich auch. Doch das ist vorbei. Als ich erst einmal entdeckt hatte, was meine Willenskraft für mich tun kann, wollte ich nie mehr in meine alten, trägen Verhaltensweisen zurückfallen.

Wie Sie Ihre Willenskraft aktivieren

Es ist wichtig, Ziele zu fixieren

Als Erstes müssen Sie sich fragen: „Was will ich erreichen?" Wollen Sie abnehmen? Wollen Sie Erfolg im Leben haben? Wollen Sie mehr Geld verdienen? Wollen Sie Ihre Faulheit überwinden?
Wenn Sie sich klar gemacht haben, was Sie wollen, können Sie anfangen, auf Ihr Ziel hinzuarbeiten.
Dazu sollten Sie einen positiven Vorsatz, ein Mantra oder eine Affirmation formulieren. Das hilft dabei, ein Ziel zu erreichen. Wenn Sie beispielsweise ein Haus kaufen möchten, könnte Ihr Mantra lauten: „Bald lebe ich in meinem neuen Haus". Wählen Sie eine Affirmation, die Ihren Bedürfnissen entspricht, und seien Sie bereit, sie zu ändern, wann immer es die Situation erfordert.

Diese Technik ist großartig: Sie müssen Ihr Mantra nur zwei- oder dreimal in Gedanken oder (falls möglich) laut wiederholen. Aktivieren Sie die schlummernde Willenskraft in Ihrem Gehirn und lassen Sie sie für sich arbeiten. Das häufige Wiederholen Ihres Mantras funktioniert, weil das Gehirn sich wie ein Muskel verhält: Es muss regelmäßig trainiert oder programmiert werden.

Formulieren Sie Ihre Affirmationen auf jeden Fall positiv

Beim Formulieren Ihres Mantras oder Ihrer Affirmation können Sie auf bestimmte Techniken zurückgreifen, damit die Worte so wirksam wie möglich werden. Viele Persönlichkeitstrainer sind der Meinung, dass man Mantras oder Affirmationen immer positiv und in der Gegenwartsform formulieren sollte. Sie sollten auch die Worte „mich" oder „ich" enthalten, damit sie so persönlich wie möglich klingen. Auf diese Weise regen sie das Unterbewusstsein sofort dazu an, die in Ihrer Affirmation enthaltene Botschaft in die Realität umzusetzen. Sie können Ihre Affirmation beim Autofahren, beim Gehen, Arbeiten, Wäschewaschen oder Duschen wiederholen – oder immer dann, wenn es in einer bestimmten Situation nötig ist.

In diesem Ratgeber werde ich einige Strategien und Inspirationen an Sie weitergeben, die ich selbst einsetze und denen ich zu einem großen Teil meinen Erfolg verdanke und die auch Ihnen helfen werden, Ihre Willenskraft zu stärken und Ihre Ziele zu erreichen. Sie basieren auf der Meditation, der Visualisierung und auf dem Fokussieren der Gedanken.

Wählen Sie die Methode, die Ihnen am meisten zusagt

Suchen Sie sich je nach Situation und persönlichem Befinden die Methode aus, die Ihnen am meisten zusagt. Wählen Sie „Meine zehn Schritte zum Erfolg", wenn Sie sich ein Ziel setzen und Ihre Gedanken fokussieren müssen. Wenn es Ihnen noch an Zielstrebigkeit fehlt oder an Mut, dann empfehle ich Ihnen „Meine zehn Mantras für die Motivation". „Meine Inspiration" zeigt Ihnen, wie andere Personen Ihnen Kraft spenden können. Wenn Sie nur ganz allgemein Kräfte sammeln möchten, empfehle ich Ihnen, mit den „sechs Meditations-Farben" zu arbeiten. Suchen Sie sich dazu eine Farbe aus, die Ihrer Befindlichkeit entspricht. Und wenn Sie nach einem anstrengenden Tag, einer schwierigen Aufgabe Ihre Batterien neu aufladen, neue geistige Kraft schöpfen möchten, dann probieren Sie „Meine ganz persönliche Entspannungstechnik" aus. Sie hilft Ihnen dabei, abzuschalten, aber auch, den Kopf von ablenkenden Gedanken zu befreien, bevor man seinen Geist auf ein Ziel ausrichtet.

Versuchen Sie, wenn Sie meine Techniken anwenden, vollkommen entspannt zu sein. Sie müssen lernen, unnötige Gedanken auszuschalten, die Ihnen Energie und Zeit rauben. Quälende innere Spannungen in Bezug auf unerledigte Dinge oder Sorgen über unbezahlte Rechnungen oder über einen Streit mit Ihrem Partner hindern Ihren Geist daran, sich auf einen bestimmten

Aspekt zu konzentrieren oder frei umherzustreifen, um neue Horizonte zu entdecken. Sie müssen sich also ganz bewusst sagen: „Ich schließe innerlich die Tür zu all diesen Problemen. Sie existieren im Augenblick nicht."

Wenden Sie die Methoden an, wann immer Sie Zeit haben oder die Situation es erfordert

Wenden Sie diese Techniken an, bevor Sie morgens das Haus verlassen, abends zu Bett gehen und zwischendurch, wenn Sie mal eine Pause haben, oder setzen Sie sie ganz konkret ein, wenn es die Situation erfordert, wenn Sie Ihre Gedanken neu fokussieren müssen oder sich Mut zusprechen wollen.

Konzentrieren Sie sich einfach auf den Text der jeweiligen Sequenz und lassen Sie sich ganz darauf ein. Sie werden sehen, dass Sie jede Seite dieses Buches mit neuem Selbstbewusstsein und neuer Willenskraft füllen wird. Damit ist der erste und entscheidende Schritt zum Erfolg getan.

Meine zehn Schritte zum Erfolg
Erwecken Sie Ihre Willenskraft zum Leben

Das ist das Lustige am Leben:
Wenn man sich weigert, etwas anderes
als das Allerbeste zu akzeptieren,
bekommt man es meist.

W. Somerset Maugham

Schreiben Sie auf,

was Sie erreichen möchten.

1

Benennen Sie es ganz genau.

Das ist Ihr ***Ziel***.

2

Halten Sie sich

Ihr ***Ziel***

immer wieder vor Augen.

Glauben Sie daran.

Lassen Sie nicht zu,

dass andere Gedanken

Sie von

Ihrem ***Ziel*** ablenken.

Stellen Sie sich vor,

wir Ihr Leben sein wird,

wenn Sie Ihr ***Ziel*** erreicht haben.

Machen Sie sich ein lebhaftes Bild davon,

visualisieren Sie damit zusammenhängende

Gerüche,

Geräusche

und Empfindungen.

4

Lassen Sie vor Ihrem geistigen Auge

einen Film ablaufen und sehen Sie dabei zu,

wie Sie Ihr ***Ziel*** erreichen.

5

6

Stellen Sie sich vor,

wie Ihre Mitmenschen auf Sie reagieren werden,

wenn Sie Ihr *Ziel* erreicht haben.

Formulieren Sie

Ihre ***Wünsche*** und ***Ziele***

mit klaren Worten.

Wie soll die Welt Sie sonst wahrnehmen?

8

Wiederholen Sie dreimal die Worte,

die Ihr ***Ziel*** beschreiben,

bevor Sie schlafen gehen.

9

Glauben Sie immer an sich selbst.

Sie haben die ***Stärke***.

Nur Sie

können Ihr ***Ziel*** erreichen,

niemand sonst.

Übernehmen Sie die Verantwortung.

Los geht's!

Meine zehn Mantras für die Motivation
Versprechen, die Sie sich selbst geben sollten

Der erste
und wichtigste Schritt
auf dem Weg zum Erfolg
ist das Gefühl, dass wir
es schaffen können.

Nelson Boswell

Ich werde mein Ziel erreichen.

Ich werde alle ***Hindernisse*** überwinden.

Ich werde es schaffen.

1

Ich bin ***so weit*** gekommen –

nichts und niemand kann mich

nun mehr stoppen.

Zynismus ist für Dummköpfe.

3

Ich biete ***Problemen*** die Stirn.

4

Ich verdiene das Beste.

Ich verlange das ***Beste***.

Ich werde mich nicht

mit Geringerem zufriedengeben.

5

Dies ist mein ***Leben***

und ich werde es voll auskosten.

Sollte ich mein Ziel

doch einmal nicht erreichen,

werde ich mir selbst vergeben –

und immer daran ***glauben***,

dass ich es beim nächsten Mal

schaffen werde.

Ich

werde mich nicht

hinter Ausreden verstecken.

8

Ich werde

mein ***Bestes*** geben

und darauf stolz sein.

9

Ich habe eine ***Entscheidung*** getroffen –

niemand kann mich davon abbringen.

10

Wenn ich mein Ziel erreicht habe,

werde ich meiner ***Freude*** darüber

freien Lauf lassen.

Meine Inspiration

Nutzen Sie Ihre persönlichen Kraftquellen

Nur wenn du in dein Herz siehst,
wirst du eine klare Vision haben.
Wer seinen Blick nach außen richtet, träumt.
Wer nach innen blickt, erwacht.

Carl Jung

Schöpfen Sie Kraft,

indem Sie an eine Person denken,

die Ihnen sehr nahe steht.

Für mich ist diese Person

meine Frau *Hanna*.

Sie ist mein Anker.

Mein Magnet.

Mein Herz.

Sie besitzt die Stärke,

die mir manchmal fehlt.

Lassen Sie sich

von einer Persönlichkeit inspirieren,

die in Ihren Augen

einen besonderen Beitrag

für unsere Welt geleistet hat.

Für mich ist dies *Gandhi*.

Er suchte nach spiritueller Reinheit

und auf seiner Suche veränderte er

die Welt.

Wir können alles schaffen,

wenn wir dazu bereit sind,

uns selbst zum Besseren zu verändern.

Erfinden Sie eine Person,

die Sie inspiriert.

Wenn ich mich überfordert fühle,

denke ich an einen

imaginären Mönch.

Ich stelle ihn mir vor,

wie er in seinen safran-farbenen Kleidern

auf einer verschneiten Bergspitze sitzt.

Dort meditiert er

vierundzwanzig Stunden am Stück.

Sein Geist driftet dabei in die Ferne,

weit weg von Stress und Hektik.

Die sechs Meditations-Farben

Stärken Sie Körper, Geist und Seele

Hindernisse sind
die Furcht einflößenden Dinge,
die man sieht, wenn man das Ziel
aus den Augen verliert.

Unbekannt

Grün für innere Ruhe

Schwingen Sie sich in der Meditation
auf die folgende Farbe ein –
Grün ist die Farbe der
Ausgeglichenheit.

Orange für Vitalität

Konzentrieren Sie sich
auf die Farbe Orange,
mit dieser Farbe tanken Sie Energie.

Gelb für positives Denken

Denken Sie positiv mit Gelb –
diese Farbe platzt förmlich
vor guten Schwingungen.

Blau für Selbstheilung

Heilen Sie sich mit Blau –
es regt die Bildung natürlicher Antiseptika an
und stärkt das Immunsystem.

Violett für übersinnliche Fähigkeiten

Kontaktieren Sie Ihr
Unterbewusstsein mit Violett –
diese Farbe steht mit dem
Übersinnlichen in Verbindung.

Rot für Mut

Energetisieren Sie sich mit Rot –
es weckt Ihre Geisteskraft
und gibt Ihnen einen Adrenalinschub.

Meine ganz persönliche Entspannungstechnik
Schöpfen Sie neue Kraft

Die Zukunft gehört denen,
die an die Schönheit
ihrer Träume glauben.

Eleanor Roosevelt

Verschaffen Sie sich ***Raum***,

um zu entspannen.

Stress kann Ihre innere Stimme dämpfen.

Stellen Sie sich vor,

Sie befänden sich

an einem ruhigen, idyllischen Ort.

Sehen Sie ihn,

riechen Sie ihn,

atmen Sie ihn.

Träumen Sie ihn.

Belohnen Sie sich

mit einer ***Reise*** an diesen geheimen Ort.

Für andere wird es nicht ersichtlich sein,

wann Sie sich an diesem Ort befinden.

Erkunden Sie Ihren geheimen Ort

und lassen Sie sich

von seiner ***Schönheit*** erfüllen.

Suchen Sie sich einen Kristall

und halten Sie ihn an ihr Herz –

Kristalle verstärken

die menschliche ***Energie***.

Wiederholen Sie

folgende Worte dreimal,

während Sie sich

an Ihrem geheimen Ort befinden:

„Mein ***Geist*** ist voller Energie".

Sagen Sie nun dreimal zu sich selbst:

„Ich werde ***nicht aufgeben***“.

Verinnerlichen Sie die Worte:

„Ich werde mein ***Ziel*** erreichen“.

Lassen Sie es auf keinen Fall zu,

dass sich andere

über Ihren ***geheimen Ort*** lustig machen.

Er gehört Ihnen,

Ihnen ganz allein.

Ziehen Sie sich möglichst oft

an Ihren geheimen Ort zurück

und wiederholen Sie Ihre Zielsätze,

bis Ihre Energie erstrahlt.

Auf diese Weise können Sie vollkommenen

inneren Frieden erlangen.

Denken Sie immer daran:
Seien Sie positiv.
Seien Sie optimistisch.
Seien Sie hoffnungsvoll.
Haben Sie Vertrauen.

Ich wünsche Ihnen Gesundheit,
Glück und inneren Frieden.

Uri Geller

Der Autor

Uri Geller ist aufgrund seiner übersinnlichen Fähigkeiten weltberühmt. In den 70er-Jahren demonstrierte er erstmals seine telepathischen Kräfte bei Fernsehauftritten und brachte mit mentaler Stärke stehen gebliebene Uhren zum Ticken und verbog reihenweise Löffel. Seine Fähigkeiten wurden von namhaften Wissenschaftlern untersucht und bestätigt. Uri Geller hat zahlreiche Bücher veröffentlicht und lebt mit seiner Familie in Berkshire, England. Er ist Motivationstrainer und Künstler. Sein unermüdlicher Einsatz im karitativen Bereich führte zu seiner Ernennung zum Ehrenvizepräsidenten des Royal Hospital for Children in Bristol und des Royal Berkshire Hospital. Uri Geller ist neben dem Dalai Lama Schirmherr der Aktion Climb for Tibet.

Weitere Informationen erhalten Sie unter: www.urigeller.com